CONFERÊNCIAS

Colette Soler

As lições das Psicoses

aller

Tradução | Maria Claudia Formigoni
Revisão técnica | Fernanda Zacharewicz, Maria Claudia Formigoni e Sandra Berta
Capa | Rubens Lima
Diagramação | Sonia Peticov

1ª edição/ 5ª reimpressão
Outubro de 2022

Dados Internacionais de Catalogação na Publicação (CIP)
Ficha catalográfica elaborada por Angélica Ilacqua CRB-8/7057

Soler, Colette
As lições das psicoses / Colette Soler; [tradução Maria Claudia Formigoni]. — 1. ed. — São Paulo : Aller Editora, 2016.

ISBN: 978-85-94347-01-5
ISBN: 978-65-87399-04-1 (livro digital)
Título original: *Las lecciones de las psicosis*
Bibliografia.

1. Joyce, James, 1882-1941 2. Lacan, Jacques, 1901-1981 3. Psicanálise 4. Psicoses 5. Psicoses — Tratamento — Estudo de casos 6. Psiquiatria I. Título.

16-09492 CDD 616.8917
NLM-WM 141

Índice para catálogo sistemático
1. Psicoses: Psiquiatria: Medicina 616.8917

Rua Havaí , 499 – Sumaré
01259-000 São Paulo S.P.
Tel: (11) 93015.0106
contato@allereditora.com.br
Facebook: Aller Editora

Sumário

Nota da editora

As lições das psicoses é uma tradução do livro *Las lecciones de las psicosis*, publicado pela editora Letra Viva, na Argentina.

Ao realizar a tradução, optamos por manter a oralidade no texto para que o leitor pudesse estar o mais próximo possível da fala de Colette Soler — lembrando que o livro é composto da transcrição de três conferências proferidas por ela em Buenos Aires.

Em relação às citações feitas por Colette Soler, todas foram revisadas conforme a publicação da obra em português, quando existente. Dessa forma, o leitor tem acesso mais fácil às referências que forem de seu interesse.

Por fim, agradecemos a Sandra Berta que, prontamente e com entusiasmo, aceitou o convite para escrever o prefácio deste livro e colaborou com o trabalho de revisão. Agradecemos também ao Foro Analítico del Río de la Plata (FARP), que, na figura de seu diretor (2014–2016) Pablo Peusner, nos cedeu a obra para publicação em português.

Fernanda Zacharewicz
Maria Claudia Formigoni

Prefácio à edição brasileira

Este livro de Colette Soler reúne três conferências proferidas no Hospital José T. Borda nos anos 2004, 2011 e 2013. O ato de dizer sobre as psicoses desperta o interesse do leitor.

O Hospital José T. Borda, localizado na cidade de Buenos Aires, é uma instituição emblemática da história do tratamento das psicoses, na qual estudantes de psicologia e de medicina fazem seus estágios e suas primeiras práticas clínicas em psicanálise. No Brasil, podemos compará-lo ao Charcot, ao Pinel, ao Adauto Botelho, dentre outros.

Colette Soler fala aos profissionais do Hospital Borda a partir de sua vasta experiência com as psicoses. Sua clínica com a apresentação de doentes, realizada no Hospital Sainte-Anne, atravessa esse percurso e possibilita um modo de transmissão que orienta algumas questões fundamentais na clínica psicanalítica e, em particular, para pensar as psicoses.

Nas três conferências que compõem este livro, seguimos os traçados da sua produção escrita, evocando diferentes articulações em Freud e em Lacan. Assim sendo, no breve tempo dessas exposições, Soler visita o Schreber de Freud e o Schreber de Lacan.

Um eixo que perpassa as três conferências é a tese da mudança da concepção do Nome do Pai, desde a proposta da metáfora paterna até o dizer que nomeia. Outro operador de leitura: considerar a noção de "sentimento da vida" que Colette Soler toma de Lacan e que, topologicamente, enlaça a primeira e a terceira conferência. Desordem do sentimento da vida que não falta nunca nas psicoses e que se manifesta como humor.

Na primeira conferência, *O empuxo-à-mulher*, Soler adverte que o tema do delírio de Schreber é duplo: sexo e existência. Nessa divisão, localiza as diferentes teses de Freud e de Lacan. A identificação à mulher de Deus, pseudo-metáfora fálica que oferece uma solução no sentido da estabilização, é diferenciada do "empuxo-à-mulher" que aponta o problema da eviração e equivale à "foraclusão do homem". Quais as diferentes soluções que cada sujeito dará à carência do dizer paterno? Essa é a pergunta que deixa para que trabalhemos.

A segunda conferência, *As lições das psicoses*, pode ser lida a partir da tese a respeito dos "efeitos da linguagem sobre o ser falante". A liberdade paradoxal do psicótico, o fora do discurso, é a primeira lição apresentada e nos ensina sobre a função do discurso. A linguagem parasita que imprime marcas no ser falante e obriga a dar respostas no sentido do desejo e do gozo é a segunda lição, aportando nuanças ao "empuxo-à-exceção". A terceira lição evoca a pergunta sobre o que se escreve em uma análise — diferenciando letra do sintoma e sinthoma — e assinala que, além da perturbação da linguagem, a letra fora do sentido é, em alguns casos, um recurso para responder pela existência. No final dessa conferência, Colette aponta a tese de seu livro *Lacan, leitor de Joyce*.

A terceira conferência, *O psicótico e seus humores*, é marcada por uma petição de princípio: não separar o humor de suas causas. Sendo o humor do registro dos afetos, ele é signo do sujeito do gozo, diferenciado do sujeito do significante. No seu livro, *Les affects lacaniens*, Soler trabalha amplamente essa tese. Aqui, indica a questão do humor na psicose e, em particular, avança na leitura do caso Schreber, advertindo que o significante operador de gozo é diferente do significante gozado. Finalmente, a desordem do sentimento da vida lhe permite falar dos casos extremos que ela chama "escolha da morte" e que convocam a pensar suas diferenças com a melancolia e a mania.

As lições das psicoses nos convida a refletir sobre como as psicoses ensinam ao psicanalista. Colette Soler testemunha isso e nos afeta com os efeitos do seu dizer. Ela o diz de modo simples, acentuando certa satisfação: a do *prazer* de falar para os que não retrocedem ante as psicoses.

SANDRA BERTA[1]
São Paulo, 5 de setembro de 2016

[1] Psicanalista, mestre e doutora em Psicologia Clínica pela Universidade de São Paulo (USP). É AME da Escola de Psicanálise dos Fóruns do Campo Lacaniano (EPFCL-Brasil), membra da EPFCL-Brasil e do Fórum do Campo Lacaniano de São Paulo (FCL-SP).

Nota à edição argentina

Este volume reúne três conferências de Colette Soler, realizadas no Hospital José T. Borda, nos anos de 2004, 2011 e 2013, respectivamente.

O interesse em publicar essas conferências teve como precedente o seminário — "O que Lacan aprendeu com Joyce? Como utilizá-lo na psicanálise?" — que Colette Soler ofereceu em Buenos Aires, no dia 23 de abril de 2015.

A menção ao nome de Joyce nas três conferências aqui compiladas é um convite para continuar um trabalho que nos concerne e que a autora formalizou em seu último livro, *Lacan, leitor de Joyce* — recentemente lançado pela editora PUF e ainda inédito em espanhol. O estabelecimento dos textos deste livro ficou a cargo de Nicolás Cerruti, a quem agradecemos por disponibilizá-los para as tarefas de edição e de revisão técnica feitas por nós.

PABLO PEUSNER
LUCIANO LUTEREAU

UM

O empuxo-à-mulher

Uma pergunta a respeito do assunto que compõe o título deste capítulo surgiu enquanto eu trabalhava sobre as psicoses, especialmente a partir dos seminários lacanianos dos anos 1975 em diante.

Observo que a expressão de Lacan, o *empuxo-à-mulher* — em francês, *pousse-à-la-femme* —, está no texto *O aturdito*[1], de 1972. Nesse texto, Lacan aplica a expressão ao caso Schreber, já comentado em *De uma questão preliminar a todo tratamento possível da psicose*[2]. Notei que, quando se trata de falar sobre o *empuxo-à-mulher* e, mais comumente, quando se trata de falar das psicoses, nos referimos sempre a *De uma questão preliminar*. Isso me levou a formular uma pergunta teórica.

Depois desse escrito, muitas coisas ali elaboradas mudaram no que se refere à teorização da psicose em Lacan. Assim, perguntava-me se o *empuxo-à-mulher* dos

[1]LACAN, J. (1972) O aturdito. In: LACAN, J. *Outros Escritos*. Rio de Janeiro: Jorge Zahar Editor, 2003, p.448-497.
[2]LACAN, J. (1955-1956) De uma questão preliminar a todo tratamento possível da psicose. In: LACAN, J. *Escritos*. Rio de Janeiro: Jorge Zahar, 1998, p.537-590.

anos 1970 quer dizer a mesma coisa que Lacan comenta sobre Schreber em *De uma questão preliminar.*

Eu disse que muitas coisas mudaram... Efetivamente, em *De uma questão preliminar* há uma problemática construída a partir da noção de identificação. O problema latente desse texto poderia ser formulado da seguinte maneira: como o que não é linguagem, ou seja, o que é vivo, isto é, a existência, o fato de aparecer como vivo e existente ao mesmo tempo, e o fato de ser de um ou de outro sexo, como isso pode se identificar ou se escrever no simbólico, no campo da linguagem.

Nesse texto, Lacan faz uma construção bastante convincente da significação fálica, do significante falo como efeito da metáfora paterna, o significante que permite identificar a vida, a existência e o sexo. Contudo, essa tese muda rapidamente em seu ensino. Falamos quase como se não o soubéssemos, dado que, desde *A direção do tratamento e os princípios de seu poder*[3] e, especialmente, desde *Subversão do sujeito e dialética do desejo no inconsciente freudiano*[4], Lacan não faz mais do falo um significante que identifica a vida. Ele, ao contrário, mantém a tese de que o sujeito tenta se identificar ao falo, mas não o é.

Esse é, então, o primeiro giro da tese. Há depois diversos outros passos, mas há um que me parece determinante,

[3]LACAN, J. (1958) A direção do tratamento e os princípios de seu poder. In: LACAN, J. *Escritos.* Rio de Janeiro: Jorge Zahar, 1998, p.591-652.
[4]LACAN, J. (1960) Subversão do sujeito e dialética do desejo no inconsciente freudiano. In: LACAN, J. *Escritos.* Rio de Ja- neiro: Jorge Zahar, 1998, p.807-842.

difícil de entender e sobre o qual trabalhei este ano em meu curso: a mudança da concepção do *Nome do Pai.*

Ao longo dos anos, Lacan nunca renunciou a utilizar o termo *Nome do Pai.* Porém, nos seminários dos anos 1975, com seu novo esquema borromeano, o *Nome do Pai* não é mais o que era, não é mais um significante. Desde o texto *O aturdito*, o *Nome do Pai* é situado como um dizer. Isso muda tudo: um dizer que nomeia, mas, além disso, um dizer que supõe uma existência.

Entre o *Nome do Pai*, significante que está ou não no Outro, e a função do dizer paterno existe uma grande diferença, importante de ser estudada. Assinalo isso: uma existência sempre é contingente. A existência necessária para que haja um dizer nomeante, caso falte, pode ser substituída por outra existência. Quer dizer que, com as contingências, algo também muda no que se refere às consequências, irremediáveis ou não.

Fiz referência a isso para voltar ao *empuxo-à-mulher.* É curioso que o momento em que Lacan afirma que "A mulher não existe" é o mesmo em que fala do *empuxo-à-mulher.* O empuxo-a-algo que não existe é um pouco paradoxal. Além disso, há uma questão clínica: qual é a extensão da tese? Podemos dizer que em todo caso de psicose há um *empuxo-à-mulher*? É uma questão, pois clinicamente, ao menos na observação clínica, podemos facilmente comprovar que não todo psicótico apresenta os fenômenos schreberianos de se transformar em uma mulher. Em Schreber, transformar-se na mulher de Deus.

Contudo, Lacan, que apresenta essa tese em 1972, falando de Schreber, refere-se ao *empuxo-à-mulher* como algo já dito. Não o apresenta como algo novo ou um pouco diferente. Apresenta-o como já dito e diz: "o que desenvolvi, já desenvolvi". Então, ele nos leva àquilo já trabalhado sobre o *empuxo-à-mulher* no caso Schreber.

Se me permitem, sigo a sugestão do texto *O aturdito* e verei, de novo, *De uma questão preliminar.* Lacan critica e refuta a tese da homossexualidade psicótica. Ele mesmo diz – é um assunto que pode ser acompanhado ao longo do texto – que o uso da referência à homossexualidade psicótica deve ser regulamentado. Observa que a homossexualidade, a referência clara a uma posição homossexual em Schreber, apresenta-se não como uma causa do processo psicótico, mas como um sintoma interno a esse processo.

Lacan, então, opõe-se a todos os comentários feitos sobre o caso Schreber que davam à posição libidinal homossexual uma função causal, uma função de causalidade desencadeante da psicose. A tese de Lacan consiste em dizer que a transformação em mulher, notável no delírio, não faz referência à homossexualidade, isto é, não se trata da colocação em ato ou da elaboração de uma pulsão homossexual. Denega a pulsão homossexual na psicose, uma pulsão que seria estruturalmente fundante da resposta psicótica.

Qual é, assim, a função da transformação em mulher, já que não se trata de uma atuação de tipo homossexual? A resposta está no texto *De uma questão preliminar.* É uma resposta forte. A transformação em mulher é uma maneira de solucionar um problema, que é o problema de todo ser falante, não só das psicoses: o de inscrever seu ser, de situar sua existência, de situar seu sexo na linguagem ou, se preferirem, no Outro da linguagem. Podemos traduzir que a transformação em mulher permite a Schreber – é a tese do texto – identificar-se no Outro, solucionar o furo da existência e do sexo no Outro.

É verdade que, no delírio de Schreber, não se trata somente do sexo. Trata-se, de maneira evidente, de sua existência. Vê-se de modo claro que há dois temas no delírio antes da solução final. O primeiro deles é o da ameaça sobre seu órgão, a ameaça de desvirilização, eviração ou feminização. O segundo, que talvez seja, em termos lógico, o primeiro, é o assassinato da alma. Esse não refere ao sexo e Lacan o traduz de modo bastante convincente, dizendo que o assassinato da alma designa uma desordem no mais íntimo do sentimento de vida. É preciso dizer que essa desordem no sentimento da vida nunca está ausente em nenhum caso de psicose. Não é como o *empuxo-à-mulher*, que nem sempre está presente.

Insisto em dizer que o tema do delírio seja duplo: sexo e existência. É mais uma razão para não pensar que a homossexualidade seria a causa da psicose. Acredito, contudo, que é preciso entender bem o que é que faz com que Lacan se recuse a admitir que a relação perseguidor-perseguido é resultado da transformação de uma relação homossexual, o que, aparentemente, é a tese de Freud. Digo aparentemente, pois Freud, como sabem, em sua tentativa de deduzir a posição do perseguido pela via de uma transformação gramatical, estabelece a pulsão homossexual como a verdade da relação perseguidor-perseguido.

Quando Freud diz que o delírio resulta de uma transformação gramatical que começa com *eu o amo*, *eu* (um homem) *amo ele* (um homem), isso seria a acepção homossexual primária. Depois, a inversão do verbo: *não o amo, o odeio*. Depois, projeção: *não sou eu que o amo, é ele que me ama*. Assim, aparentemente, Freud faz da psicose ou da perseguição uma defesa contra a homossexualidade.

Digo aparentemente porque, se extraímos um detalhe, perdemos o conjunto da construção freudiana. E, no texto de Freud, há outra coisa: a tese que logicamente antecede a tese da homossexualidade. A tese de Freud estabelece que a causa primária, em termos libidinais, é a retração da libido, o desinvestimento libidinal do mundo e dos objetos, produzindo aquilo que, em psiquiatria, é chamado o CREPÚSCULO do mundo na psicose.

É algo bem parecido àquilo que Lacan nomeia desordem no sentimento da vida. Freud o diz explicitamente: a homossexualidade da qual fala é, ela mesma, uma tentativa de solucionar a enfermidade primária, que é uma enfermidade libidinal de retração no que se refere a toda relação de objeto.

A posição homossexual é uma tentativa de cura, uma tentativa de restabelecer um laço com um objeto. Podemos dizer que, no próprio Freud, a tese não é realmente a causa homossexual, e sim a causa libidinal em termos da impossibilidade de investimento.

Lacan também recusa a formulação freudiana segundo a qual a autotentativa de cura seria feita via um laço homossexual. Ele se recusa a dizer que a tentativa de cura passa pela homossexualidade. Creio que aí está o argumento fundamental no texto de Lacan para, como ele diz, colocar em seu lugar a pretendida homossexualidade da psicose. É um argumento chocante, realmente forte, que golpeia.

Talvez não o tenha destacado o suficiente: a ideia de Lacan, claramente presente em *De uma questão preliminar*, é que o psicótico não pode ser homossexual. Não apenas não o é, mas também não pode sê-lo, no sentido em que se colocaria, por exemplo, em uma posição de mulher em relação a um homem. Não consegue, é algo impossível, não depende de uma escolha. Por quê? Porque não há homens e para ser um homem homossexual é preciso, primeiro, ser homem. A tese de Lacan, explícita, é "que o apelo aos bravos [aos homens] seria um completo fracasso, em razão de se haverem tornado estes tão improváveis quanto o próprio sujeito"[5].

A foraclusão do *Nome do Pai*, que condiciona toda posição de virilidade no filho via transmissão da castração, determina que alguém não só não consegue se instalar em uma posição clássica "homem", mas também não consegue fazê-lo em outra. O *Nome do Pai* é condição para todos os possíveis "homens". Schreber não só não pode esperar a atribuição do pênis à sua pessoa — dado que o órgão se atribui via operação simbólica —, mas também não consegue esperar encontrar nenhum homem sobre o qual poderia dizer "é um homem" e do qual, então, poderia se colocar como a mulher.

Como consequência, por falta dessa condição — a operatividade do *Nome do Pai* —, o conjunto dos "homens"

[5]LACAN, J. (1955-1956) De uma questão preliminar a todo tratamento possível da psicose. In: LACAN, J. *Escritos*. Rio de Janeiro: Jorge Zahar, 1998, p.572.

não existe, se o dizemos nos termos de *O aturdito*. Nesse caso, a relação de "homem" a "homem", no sentido da anatomia, se reduz à relação especular, narcisista, que elide a diferença sexual.

Existe, em francês, um equívoco de língua. A suposta homossexualidade — *homosexuel* — psicótica se escreve com dois "emes", "hommossexualidade", em referência ao *homme* — homem, ser humano. Equivoca entre homossexualidade e "hommossexualidade" para designar que, na relação especular, o que se investe é a imagem genérica do "homem", e não a diferença sexual.

Isso é o que implica a noção de relação especular que Lacan desenvolve no texto *De uma questão preliminar.* Relação especular quer dizer elisão da diferença homem-mulher. A hommossexualidade, com dois "emes", implica a presença daquilo que Lacan chama de o fio mortal do espelho.

Quando se fala da transferência no caso Schreber, da relação do pai com o médico Flechsig, não se deve pensar que é a transferência da relação homossexual ao pai. Não se trata de um Édipo invertido. Trata-se, sim, da transferência da relação especular. Schreber constrói uma genealogia delirante de Flechsig com os nomes da família. Constrói uma cadeia dos pais de sua família. Lacan diz que, na realidade, essa cadeia, supostamente simbólica, é a cadeia das agressões eróticas experimentadas no sujeito, agressão do eixo imaginário do espelho. Não se trata de uma cadeia *Nome do Pai*, mas de uma cadeia de Uns pais, no sentido de Um pai sem razão, tal qual o diz em *O aturdito.*

Como se constrói, densificando, a tese de Lacan?

Resumo

1. Schreber sofre de um defeito de simbolização de sua vida e de seu sexo sob o significante fálico ($\Phi 0$).
2. Lacan tem uma tese sobre o tipo de solução possível: o que pode suprir esse defeito são outras identificações. Temos, então, a tese lacaniana sobre a pré-psicose, sobre todos esses anos nos quais a psicose de Schreber não se desencadeou. Lacan diz explicitamente que uma identificação qualquer à mãe teria permitido a Schreber manter-se normalmente na realidade.
3. Temos a tese do desencadeamento: produz-se quando a identificação do pré-psicótico se quebra.
4. A teoria da estabilização: é a ideia da restauração de uma identificação outra, produzindo uma pseudometáfora. No caso de Schreber, identificar-se à mulher de Deus, que supre a foraclusão do falo com duas vertentes que conhecemos bem. Olha no espelho sua imagem de mulher e, ao mesmo tempo, diz experimentar uma voluptuosidade especial, deslocalizada, em relação ao órgão viril.

A pergunta, agora, é se Lacan diz a mesma coisa em *O aturdito*. Aparentemente, sim. Mas, creio que é sim e não. O caso Schreber, em sua peculiaridade, contribui para introduzir certa confusão. Em *O aturdito*, Lacan não diz exatamente a mesma coisa, dado que, se estou fazendo uma leitura correta, o *empuxo-à-mulher* não é, nesse texto, a solução. Em *De uma questão preliminar*, a transformação de Schreber em mulher se apresenta como a solução, a pseudometáfora fálica.

Em *O aturdito*, são retomadas as expressões. Lacan, para comentar seu *empuxo-à-mulher*, chama-o de efeito sardônico e o evoca também como um forçamento que se impõe ao sujeito no campo do Outro, que é preciso pensá-lo como o mais alheio a todo sentido — fálico, creio. Apresenta o *empuxo-à-mulher* não como a solução, mas como o problema em si, ou seja, como o equivalente à ameaça de eviração em Schreber, mas não equivalente à solução schreberiana. Tornar-se mulher foi, por um tempo, uma solução para Schreber, mas é algo peculiar. Assim, em *O aturdito,* Lacan estabelece o *empuxo-à-mulher* como o problema em si, e não como a possível solução.

Isso é algo importante clinicamente quando levantamos a questão sobre qual a direção da cura do sujeito. Talvez, o sujeito psicótico, mesmo quando encontra um analista, se orienta só. É um problema, então, saber até onde o analista pode influenciar a direção da elaboração do sujeito. Contudo, o analista se questiona em qual direção deve apoiar as elaborações.

Creio que o que destaco agora nos indica que não devemos pensar a transformação, a feminização, como uma solução. Durante um tempo, o foi para Schreber, mas, geralmente, é o problema em si. Percebi que já em *De uma questão preliminar* havia uma indicação nessa direção: distinguir a ameaça de feminização e a solução pela via da identificação feminina. Algo difícil de ler em um primeiro momento, mas Lacan diz: "não é por estar foracluído do pênis [eviração], mas por ter que ser o falo, que o paciente estará fadado a se tornar uma mulher"[6].

[6]*Ibid.*, p.571.

Nota-se, assim, que Lacan já distinguia o que chamava "ser foracluído do pênis" de "se transformar em mulher". Penso que, desde 1963, o *empuxo-à-mulher* designa exatamente a não transmissão da castração. Por essa transmissão estar condicionada pelo dizer paterno, condiciona-se, então, a posição homem. Poderíamos, sem forçar muito, dizer que o *empuxo-à-mulher* equivale à foraclusão do homem: $\Phi\cap$ — o que evocava antes.

Foraclusão do homem mais do que promoção da mulher. É coerente com o fato de que a solução de Schreber, a transformação em mulher, é uma transformação bastante especial. Não é a mulher do homem, e sim a mulher de Deus. Pode-se dizer que aí se combinam a solução via identificação à mulher e o tema da redenção da humanidade, o assunto delirante de gerar uma nova humanidade.

Além disso, a solução de Schreber demonstrou-se precária. Não podemos falar da cura de Schreber. Trata-se de um momento de estabilização mais do que de suplência, pois uma estabilização não é uma solução definitiva. Schreber, em sua solução, teve uma recaída. E, nessa recaída, deixou de ser a mulher de Deus e a mãe da humanidade futura. O *empuxo-à-mulher*, como efeito da carência do dizer paterno, não implica sempre a solução tipo Schreber de tornar-se mulher.

Poderíamos fazer uma lista de outras soluções, outras tentativas. Uma das tentativas de solução — bastante frequente e notável —, em relação ao problema do sexo, seria o transexualismo, que consiste em tratar sua certeza de que há um erro quanto à anatomia, um erro no que se refere à imagem, e quanto ao sexo no registro civil.

O transexual tenta fazer passar ao ato, via retificação cirúrgica, a retificação tanto da imagem e quanto do sexo no registro civil. Isso tem um preço. Sacrificam o gozo. Os sujeitos que se submetem a cirurgias para suprimir o pênis testemunham, depois, que não têm nem o gozo do pênis nem o gozo feminino, mas têm uma identificação à mulher na realidade.

Existem outras soluções que põem em curto-circuito o problema da transformação em mulher. Dentre elas, podemos citar especialmente os delírios de grandeza, megalomaníacos, que tentam suprir a exceção paterna — nada a ver com a transformação em mulher — com uma consequência divertida. Cada vez que há uma verdadeira pessoa de destaque, seja no campo da política, do pensamento, da filosofia, da arte, da ciência ou da matemática, suspeita-se, sempre, de que essa personalidade PÚBLICA seja psicótica. E os psicanalistas concluem: "sim, é um psicótico". Não sei qual é o benefício da suspeita.

Na lista das outras soluções, não podemos nos esquecer de Joyce, que encontrou uma solução outra. Direi somente que Joyce é um sujeito que conseguiu, apesar da carência paterna, do dizer paterno, fazer sem o pai e sem delírio. Conseguiu isso produzindo, ele mesmo, um dizer outro do dizer nomeador do pai. Certamente, essa solução não é a solução pela via de ser uma mulher.

Lacan questiona explicitamente se Joyce se considerava uma mulher. Responde que não, que se considerava um sintoma. Lacan não disse "Joyce, a psicose", disse "Joyce, o sintoma". E "Joyce, o sintoma" também não é "Joyce, a mulher".

Não devemos perder de vista que o problema comum do *empuxo-à-mulher* está presente em todas as psicoses, mas as soluções são as mais diversas e não temos razão alguma para alentar uma solução via à mulher.

DOIS

As lições das psicoses

Vir a estes lugares, os hospitais, é importante para mim porque sempre me lembro da palavra de Lacan quando dizia: um psicanalista não deve retroceder ante as psicoses.

O título que escolhi para hoje é "As lições das psicoses". É um título que não tem sentido a não ser no ensino de Jacques Lacan, pois foi ele quem nos ensinou a reconhecer nas psicoses — vamos dizer, na loucura... por que não? —, reconhecer, ao lado da neurose e ao lado da perversão, uma das configurações do destino do ser falante, ou seja, de um ser que tem a marca da linguagem.

A visão de Lacan sobre as psicoses sempre foi profundamente antissegregacionista. Ele não pensava que a psicose era um fracasso do humano no homem, mas sim um avatar.

É certo que Freud se interessou pelas psicoses, temos seu caso Schreber. Mas, se interessou a partir de uma posição completamente inversa à de Lacan. Freud, na psicose, tentava — ou acreditava — reconhecer os complexos, como dizia, das neuroses e, evidentemente, o que ele chama de complexo paterno. Pensava que havia somente uma diferença: que a psicose punha a céu aberto o que na neurose se encontrava dissimulado, reprimido e, por isso, deveria ser interpretado. Em Freud, era como se, finalmente, a psicose confirmasse o que a análise dos neuróticos revelava.

Não é o ponto de vista de Lacan. Ao contrário, Lacan, psiquiatra, sempre considerou que as psicoses se caracterizavam, primeiro, por fenômenos e, segundo, pela causalidade própria. Os dois permitem precisamente perceber o que a neurose não revela nunca, seja com uma análise ou não. E por quê? Porque sua hipótese é que os efeitos da linguagem sobre o ser falante são diferentes na neurose e na psicose.

Na psicose, falta a falta do Outro, *manque* a falta do Outro. A falta do Outro não está simbolizada, subsumida sob o significante. É o primeiro caso. Ou seja, porque a falta, nas psicoses, que tratam as palavras como coisas e nas quais todo o simbólico é real, ela mesma, *manque*, faz defeito. Então, que se trate do que Lacan chamou paranoia — primeiro caso — ou o que continua a chamar esquizofrenia, nos dois casos, os efeitos da linguagem diferem dos efeitos na neurose.

Vou falar do que apreendemos desses efeitos diferenciais da linguagem sobre o ser falante. Vou falar de três lições: uma, a respeito da liberdade, apesar de o tema parecer mais distante; outra, sobre a linguagem; e a ÚLTIMA, sobre a escrita.

Lição sobre a liberdade

Começo com a primeira, a mais paradoxal, a lição sobre a liberdade. O homem que, durante tanto tempo, foi chamado de alienado é — diz Lacan — homem livre. Que paradoxo... não é uma provocação. Poderia parecer, mas não o é. Ele diz isso sobre as psicoses em geral, mas é preciso entender por quê.

É surpreendente se pensarmos em todos esses casos de psicoses crônicas, deficitárias, que estão nos hospitais — suponho que aqui como em outros — e também nos psicóticos que andam pelas ruas, quando não têm mais abrigo em um hospital... não devemos nos esquecer de que há uma grande variedade de figuras das psicoses que estão no *handicap* social completo, até mesmo o gênio, o criativo. Então, dizer que todas essas figuras tão diversas são figuras da liberdade nos permite entender que, quem sabe, a liberdade pode ser prejudicial. Mais prejudicial do que promissora.

Se levarmos esse fato em consideração, talvez pudesse ser, para nós, um primeiro pequeno remédio para a tendência que temos, quase normalmente, de idealizar a liberdade. Porém, é preciso se perguntar o que é, do lado do psicótico, essa liberdade que falta ao neurótico — que lhe falta enquanto sonha com a liberdade, mas sempre imagina que um Outro quer assujeitá-lo e se queixa. Quer defender sua suposta liberdade e protesta contra tudo aquilo que poderia comprometer sua suposta autonomia.

A análise nos revela — na orientação lacaniana — que a liberdade que falta ao neurótico está no nível do dizer. Um neurótico não é livre para dizer qualquer coisa, apesar de, na análise, o convidarmos a que diga qualquer coisa. Não se pode dizer qualquer coisa... e isso deve ser dito — que não se pode dizer qualquer coisa — diz Lacan em *O aturdito*.

É curioso se o pensarmos, pois a combinatória possível dos elementos da linguagem é quase infinita e poderíamos crer que, com isso, consegue-se formar qualquer enunciado. Na linguagem, os elementos para dizer qualquer coisa não faltam, estão presentes.

Então, de onde provém a limitação que torna impossível dizer qualquer coisa? Provém da estrutura da linguagem — limitações que são reais — e se impõe a tudo aquilo que podemos dizer. Mas o dizer é outra coisa. “Impossível dizer qualquer coisa” não provém somente da linguagem, provém do discurso, das limitações inerentes a cada discurso e, inclusive na chamada associação livre da análise, o paciente, convidado a dizer qualquer coisa, se repete, faz disco — como diz Lacan.

Então, por que o dizer não se encontra livre? É porque o dizer não deve ser concebido como algo de natureza puramente verbal. O dizer não depende da linguística. O dizer, distinguindo-o dos ditos, encontra-se ligado aos arranjos do desejo e do gozo. Esse assunto está explícito no texto *O aturdito*, mas podemos encontrá-lo também em muitas outras partes do ensino de Lacan.

Impossibilidade do discurso *pulverulento* (desintegrado, esmigalhado), diz Lacan na resenha de *Ato psicanalítico*[1]. Impossibilidade do discurso pulverulento, salvo para o psicótico. O discurso pulverulento, precisamente, é um discurso que pode dizer qualquer coisa. Isso implica que pode gozar de qualquer maneira.

[1]LACAN, J. (1969) O ato psicanalítico. In: LACAN, J. *Outros Escritos*. Rio de Janeiro: Jorge Zahar Editor, 2003, p.371-379.

A impossibilidade do discurso pulverulento é a condição da análise. Se não houvesse essa impossibilidade, não compreenderíamos nada da associação livre. Cito o texto *O ato psicanalítico*: "A comprovada impossibilidade do discurso pulverulento é o cavalo de Tróia por onde entra na cidade do discurso o senhor [*maître*] que é o psicótico"[2].

Vou desenvolver isso, "cidade do discurso": não há cidade a não ser do discurso. Mas, quando nos sujeitamos a um discurso, caímos sob as limitações do discurso. Lacan diz que o psicótico escapa às limitações do discurso. O resultado dessa limitação manifesta-se nisto: as palavras do sujeito não são aleatórias. As palavras têm lastro.

O falante não é um computador que poderia ser programado para produzir uma multiplicidade de frases aleatórias. Lacan tem diversas maneiras para dizer isso, que as palavras do sujeito giram sempre em torno da mesma coisa. Então, é o fora de discurso do psicótico que condiciona sua dita liberdade. A liberdade do sujeito psicótico é a liberdade de um sujeito fora do discurso, mas não fora da linguagem. Fora do discurso como ordem do laço social.

Na cidade, diz Lacan, o psicótico é mestre. Mas, cuidado! Por isso, a tradução dessa oração é necessária. Cuidado! Esta tese, "psicótico mestre na cidade do discurso", não se aplica somente às figuras eminentes da psicose. Essas figuras existem, as conhecemos, no campo da

[2] *Ibid.*, p.375.

política — são grandes loucos, às vezes, mas eminentes —, na literatura, na arte, na psicanálise também, em toda cultura no geral.

Talvez fosse uma tentação ler a frase de Lacan como se dissesse que a psicose predispõe a ser mestre da cidade. Não é o que diz. Não diz que o psicótico é mestre *da* cidade, diz que o psicótico é mestre *na* cidade. Isso quer dizer não sujeitado à ordem do discurso, aos regulamentos do laço social, que faz com que todos sejamos escravos.

É verdade que essa liberdade se aplica às figuras eminentes... um Van Gogh, um Rousseau, o presidente Wilson — escolho figuras do passado para não mexer em nada do presente. Mas, a tese serve também para os doentes crônicos dos hospitais psiquiátricos, que não conseguem se manter no laço social, que são colocados sob tutela ou sob camisa de força medicamentosa. Ao psicótico falta-lhe a camisa discursiva... a expressão é um pouco excessiva, mas é para opô-la à camisa de força medicamentosa.

Então isso, se pensarmos bem, deveria colocar a noção de mestre em um lugar mais justo e opor-se à sua idealização. Se é mestre, o psicótico, não se trata do mestre do discurso do mestre. O mestre do discurso do mestre, ainda por cima, é um escravo do significante mestre, é um assujeitado, não é um homem livre.

A liberdade das psicoses, então, não é um modelo e nos ensina — de maneira negativa, creio eu — a função do discurso como laço social ordenado por meio de um semblante, sem o qual não há coabitação pacífica possível entre os seres humanos. Assim, não se deve idealizar a liberdade no sentido aqui desenvolvido.

Lição sobre a linguagem

A segunda lição que quero comentar é que esse homem livre, para sua desgraça, posso dizer assim, é aquele que Lacan disse ser um mártir do inconsciente.

Saber se se trata de um mártir da linguagem ou mártir de *lalíngua* é outra pergunta. "Mártir" quer dizer que padece, isto é, que suporta. Por isso, podemos dizer que o psicótico é testemunho privilegiado do que o faz sofrer, do efeito da linguagem de que padece.

Então, vou olhá-lo, por um momento, ao lado dos fenômenos de linguagem, bem conhecidos desde as psicoses; ao menos bem conhecidos por alguns dos lacanianos, suponho que aqui também.

Há duas categorias: fenômenos de linguagem e fenômenos de palavra, dado que evoquei os fenômenos de fora do discurso. Os primeiros, fenômenos de linguagem, Lacan os qualificou desde cedo. Desde *De uma questão preliminar*, qualificou-os como fenômenos dos significantes no real, o que quer dizer, naquilo percebido. Significante no real quer dizer significante que aparece fora da cadeia significante, essa cadeia que simbolizamos $S_1 \rightarrow S_2$. Quando o significante está sozinho, quando a cadeia está quebrada, o significante está fora do sentido, já que é a própria cadeia que produz o sentido.

As ocorrências essenciais da linguagem no real são conhecidas: alucinação verbal, automatismo mental. Sobre isso Lacan deu o paradigma com a alucinação de "marrana" em seu texto *De uma questão preliminar a todo tratamento possível da psicose*, suponho que conhecem o texto. *Marrana*, esse significante alucinatório cortado do eu (*je*).

Puxa! Vocês que falam espanhol não diferenciam o eu (*moi*) e *je*... que pena! Alguma razão deve haver para que em uma língua falte a distinção entre o pronome da primeira pessoa do singular e o eu...

Então, *Marrana*, o significante no real, o significante sozinho, fora da cadeia, fora de sentido, sem conexão com o que se dá a chamar o enunciador, já que vocês não têm a palavra *je*.

Esse não é, porém, o único caso do significante no real. É o mais típico, o mais conhecido, mas há também os fenômenos do discurso contínuo, que se impõe ao sujeito sob a forma, às vezes, do comentário dos atos ou de uma palavra que, sem ser um comentário, desenvolve-se sem cessar.

Nesse caso, com esses dois fenômenos, percebemos a heteronomia do discurso do Outro. O discurso do Outro é um parasita que se impõe no real, à superfície dos fenômenos. Esse parasitismo da linguagem é algo que não se percebe na neurose. O neurótico não é um mártir da linguagem, talvez possa suportar os efeitos.

Foi a propósito das psicoses que Lacan começou a se aproximar daquilo que, no fim, chama de o inconsciente real, sobre o qual falei em meu livro *Lacan, o inconsciente reinventado*[3]. Inconsciente real, feito de elementos da linguagem, fora da cadeia e fora do sentido. Mas, há uma diferença entre o significante no real das psicoses e o inconsciente real. A diferença é que o fora de sentido do significante no real da psicose desencadeia

[3]SOLER, C. *Lacan, o inconsciente reinventado*. Rio de Janeiro: Companhia de Freud, 2012.

no sujeito fenômenos específicos: primeiro, a dimensão interpretativa, ou seja, a certeza de um sentido obscuro daquilo que apareceu no real, um sentido obscuro que lhe concerne.

Quando Lacan fala da paranoia e também da psicose, não é, de modo algum, uma tradução da nosografia psiquiátrica. Designa todas as formas interpretativas da loucura, vamos dizer, as formas trabalhadoras. Essa definição deixa de lado algumas formas da psicose. É preciso ver isso. Evocarei isso depois. Deixa de lado todas as formas nas quais não há a dimensão interpretativa e nas quais o fenômeno mais evidente é a angústia, o pânico... voltarei a isso.

Do lado da palavra, não da linguagem, algo também é afetado nas psicoses. Devem pensar nas frases interrompidas de Schreber, caso apresentado por Freud. Ou, ao contrário, podem pensar na incontinência verbal de uma palavra que, em alguns sujeitos, não parece imposta, mas, sim, fluindo sem descontinuação. O sujeito não consegue parar de *blá blá blá.*

Esses dois fenômenos são fenômenos de palavras cortadas, nos quais se manifesta um desfalecimento do ponto de capitonê, da significação. Então, equivalem a significantes fora da cadeia. Se não há ponto de capitonê, não há a cadeia. Isso é evidente na frase interrompida: falta o termo que permitiria colocar um ponto e dizer o que significa a frase. Isso ocorre também no discurso incontinente, que não se pode deter porque não encontra seu ponto de detenção. Os dois fenômenos realmente mostram que, em um ponto, o psicótico padece do parasita linguageiro.

Essa questão do ponto de capitonê, ou não, apresenta em Lacan, no seminário *Mais, ainda*[4], uma pergunta: por que uma frase deve ter um tempo limitado, ou seja, começar e terminar? Efetivamente, nessa pequena pergunta está todo o tema do ponto de capitonê e do que permite produzir em sua significação, que não é o elemento da linguagem.

Aqui, seria preciso também evocar a holófrase. Lacan falou de modo muito breve a respeito. A holófrase é também uma ocorrência de um Um fora da cadeia. Consiste — a holófrase — em fazer funcionar a cadeia dos enunciados do Outro, que simbolizamos S_1 S_2; o faz funcionar como do Um, sem intervalo, sem o S_1 S_2. Essa é a tese do seminário *Os quatro conceitos fundamentais da psicanálise*[5].

Lacan também dizia que a holófrase é a supressão do intervalo significante. Como se manifesta que há um intervalo? Manifesta-se a cada vez que escutamos alguém. A criança escuta os pais, percebe a significação da frase e, contudo, pergunta-se: "mas, o que eles querem dizer com isso?". É assim que se manifesta que o sujeito não assimila os enunciados, não acredita neles. Pergunta-se sobre o sentido... e é assim que se manifesta, simplesmente, a presença do intervalo. É, então, no intervalo que o desejo do Outro, a hiância do Outro pode ser questionada.

[4]LACAN, J. (1972-1973) *O seminário, livro 20: mais, ainda*. Rio de Janeiro: Jorge Zahar, 1985.
[5]LACAN, J. (1964) *O seminário, livro 11: os quatro conceitos fundamentais da psicanálise*. Rio de Janeiro: Jorge Zahar, 1998.

O que é que impede alguns sujeitos, os não psicóticos, de acreditar nos enunciados do Outro, aceitá-los sem mais, sem formular um porquê? Aquilo que permite interrogar o intervalo é a cadeia da repressão. Isso é um ponto da estrutura da linguagem. Formalizamos a linguagem com dois termos, S_1 S_2, mas há sempre três se contarmos a cadeia reprimida. Assim, é a repressão que condiciona a pergunta sobre o discurso do Outro.

O sujeito holofraseado é, então, um sujeito que repercute os enunciados do Outro tal e qual. Quer dizer que é um hiperdócil – hiperdócil frente às significações do Outro –, um sujeito que foraclui o "X" do sentido do desejo. É paradoxal porque é ele mesmo que está livre. Hiperdócil e, entretanto, livre. Creio que esses sujeitos holofraseados são, por exemplo, as personalidades do "como se", de Helene Deutsch. Sujeito que oscila entre a besteira de alguns débeis e as psicoses.

Em outros casos, a *personalidade como se*, ou debilidade, são o contrário das psicoses interpretativas, são o contrário da paranoia. Há, então, uma hipernormalidade em algumas psicoses. Por causa do mecanismo holofrásico, são sujeitos que estão totalmente nas normas do discurso, até o desencadeamento. Totalmente nas normas do discurso é porque Lacan, ao final, disse – mas não sobre a paranoia – que a psicose é a normalidade. Conhecem essa frase? A oposição, em Lacan, entre a paranoia – a personalidade paranoica – e a psicose normal – o holofraseado – que, ao contrário da personalidade, é um sujeito totalmente identificado às normas do discurso.

Quer dizer que todo o discurso do Outro pode funcionar como do Um. Isso é importante para entender o que

Lacan diz depois sobre o inconsciente e *lalíngua*... mas deixo de lado agora.

Para concluir sobre esses pontos, pode-se dizer que o psicótico é um perseguido da linguagem. O neurótico, por sua vez, ignora a heteronomia da linguagem. Consegue, inclusive, imaginar que utiliza a linguagem como instrumento de comunicação ou de expressão e, às vezes, se queixa de não ter atitude suficiente para manejar a linguagem como um instrumento. “Não consigo me expressar”, diz o neurótico, “quando me expresso, ninguém me entende”. Simples maneiras de dizer sobre os problemas que têm os sujeitos quando querem utilizar a linguagem como um instrumento.

Não é apenas o neurótico que tenta fazê-lo. Toda nossa civilização pensa assim agora. Sabem que Lacan se surpreendeu quando encontrou o linguista Chomsky, que pensava que a linguagem é um instrumento condicionado pelo cérebro, mas que usamos como qualquer outro. A tese de Lacan realmente é outra: a linguagem nos usa, mais do que nós a usamos. A linguagem tem efeitos, não é simplesmente um instrumento.

Então, a psicose, de acordo com a segunda lição, manifesta de maneira bem nítida, mais do que a neurose, até que ponto a linguagem é um parasita que deixa sua marca sobre o falante. Evidentemente, na psicose, a marca não é uma marca qualquer. Esses sujeitos são perseguidos da linguagem. Mas não é *a* linguagem, é *uma* linguagem que os persegue. É uma linguagem transformada, afetada de desligamento, uma linguagem que elimina a cadeia significante. São testemunhos para nós, se queremos vê-lo, da heteronomia da linguagem e da condição da linguagem sobre o vivo também. Na verdade, não abordei esse último ponto. Vou dizer algumas palavras...

Os fenômenos de linguagem das psicoses são solidários de fenômenos específicos, em termos da regulação do desejo e do gozo. Sobre o desejo, como se manifesta na psicose? Diria que vai da abulia completa, ausência de desejo, até, às vezes, à vontade inflexível. Vai da ausência de desejo até uma rigidez máxima, passando, entre os dois extremos, por todas as formas caóticas da inconstância, do desejo inconstante.

Essas três formas — abulia, vontade e inconstância — são bem opostas ao desejo na neurose. O desejo na neurose é um desejo estável, mas duvidoso — essa é a palavra de Lacan. Em meu livro sobre as psicoses inspiradas[6], ilustrei as três formas psicóticas do desejo a partir de comentários sobre três escritores — Rousseau, Joyce e Pessoa.

Quanto ao gozo, o desejo que não é gozo, deslocado, como dizemos, na psicose, nos mostra como a cadeia da linguagem é, conforme a expressão de Lacan, o *aparelho do gozo*. Mostra também como o gozo se modifica quando a cadeia se rompe. De modo geral, a cadeia significante, a linguagem, vamos dizer, é um aparelho — conhecemos a tese de Lacan — que exclui a proporção sexual, que exclui a relação entre os gozos no casal, que programa o exílio, que produz a solidão.

Esse exílio da união nem sempre é o destino do psicótico. É um paradoxo também... se tomarmos como

[6]SOLER, C. *L'aventure littéraire ou la psychose inspirée: Rousseau, Joyce, Pessoa*. Paris: Editions du Champ lacanien, 2000.

exemplo Schreber, veremos que, em seu delírio, o qual é veículo de seu gozo, conseguiu ser a esposa de Deus... não é pouca coisa. Isso não quer dizer: então é verdade que Lacan conseguiu evocar a relação sexual na psicose... não quero dizer isso! O exemplo de Schreber não significa que o *empuxo-à-mulher* – solução de Schreber – seja a solução de todos os delírios psicóticos.

Penso que a solução mais geral, encontrada sob diversas formas, é, mais bem, o empuxo à exceção, sempre está presente. A exceção não é, por isso, uma exceção grandiosa... mas o empuxo à exceção me parece mais geral do que o *empuxo-à-mulher*, que é um caso particular da exceção. As exceções de gozo estão sempre presentes nas psicoses porque advêm de fora do discurso e são solidárias da liberdade de que falava antes.

Agora, terceiro ponto: a lição da psicose quanto à letra e à escrita.

A lição da psicose quanto à letra e à escrita

Não sei se o que vou dizer pode, realmente, ser entendido, pois necessitaria desenvolvê-lo mais. De qualquer forma, lhes direi minha tese.

Nossa última jornada da Escola do Campo Lacaniano, em Paris, teve o título “A palavra e o escrito em psicanálise”.

Podemos observar, primeiro, que a letra e a escrita estão ligadas, mas são conceitualmente diferentes. A escrita, Lacan a define no seminário *Mais, ainda*, não consiste em depositar grafismos sobre uma página. A escrita é um efeito do discurso, afirma-o nesse mesmo seminário.

Assim, se a escrita é um efeito do discurso deve, necessariamente, ser afetada em um sujeito fora de discurso.

A tese de Lacan é que falando, no discurso analítico, algo se escreve. Para definir a escrita que se produz no discurso analítico, utiliza palavras diversas, mas que vão todas na mesma direção. Fala de *ravinement*... a via reproduz o *ravinement* na paisagem. A palavra está no texto e a retoma em outros. As montanhas, com a chuva, ficam *ravine*... quer dizer que a chuva produz linhas, faz marcas.

Lacan diz que, no discurso analítico, algo se escreve no nível do significado. A escrita, então, não é no nível dos significantes... sobre a linha dos significantes, mas é um traço no nível do significado, daquilo que foi dito, repetido, ordenado em uma análise.

Dessa forma, pode-se dizer que, na análise, no discurso analítico, algo cessa de não se escrever... o que quer dizer que algo se escreve. E se escreve com a pena do escritor, se escreve em razão do dizer do analisante. Lacan nos diz, assim, que a escrita não consiste em produzir texto. A escrita é um efeito do texto produzido no nível do significado, ou seja, no nível do desejo e do gozo.

Quando um sujeito está assujeitado a um discurso, qualquer que seja o discurso – falamos aqui do analítico –, quando sua palavra está ordenada pelo semblante desse discurso, nesse caso, longe de ser difluente ou cortada, sua palavra faz disco. E, com seu dizer, algo se escreve... o que implica que se fixa também.

O que é que se inscreve no discurso analítico? Vamos dizer que nada mais que o Um, o Um do *Há do Um, e nada mais*, diz Lacan. Aqui vemos que o discurso pulverulento, que pode dizer qualquer coisa, que não é sujeitado a um discurso estabelecido — como falei na primeira parte — é precisamente um discurso em que falta a unidade do dizer e a unidade do que se escreve. Foi o que, finalmente, pude deduzir das teses de Lacan.

Devemos concluir, apesar do paradoxo aparente, que à psicose falta a escrita. Inclusive, às vezes, lhe falta sob a forma da multiplicidade das redações. A respeito desse caso, evidentemente, posso invocar os *heterônimos* de Pessoa. Ele mesmo pode escrever uma multiplicidade de versões, mas percebemos a falta do Um unário em todas elas. Temos também, creio, a prova com Joyce, pois *Finnegans Wake*, é claro, é um texto de escritor, mas *Finnegans Wake* não escreve nada, nada no sentido de produzir um traço, um, no nível do significado. Não escreve nada de um sentido único, como a neurose escreve.

Entre Pessoa e Joyce temos dois exemplos. Um, a pulverulência do Um, que exclui o Um que se escreveria; e outro, o silêncio daquilo que se escreveria. O impactante é que aquilo que chamo falta de escrita do Um na psicose está em conjunto nas psicoses. Muitas vezes, com uma paixão especial das letras — a letra e as letras; a letra idêntica a si mesma. Como se a desordem da linguagem, já os lembrei disso, que libera da cadeia, pudesse dar ao psicótico um acesso melhor àquilo que Lacan chamou *moterialité*.

É um jogo — mais um — de Lacan. Em francês, se diz *matérialité*, materialismo. E palavra, se diz *mot*... Lacan escreve *moterialité* para dizer que as palavras são matérias. *Moterialité* de *lalíngua*. Em geral, a linguagem própria, de cada um, fabrica-se com *lalíngua*, mas a linguagem faz esquecer *lalíngua*. Recobre-a, a desmaternaliza, diz Lacan.

Parece que o amor do psicótico pela letra pode recordar ou manifestar o que se esquece no caso geral, ou seja, a *moterialité* de *lalíngua* que se encontra na origem. É mais uma lição das psicoses: mais além da perturbação da linguagem, há o recurso possível à letra fora do simbólico. A letra fora do simbólico não tem ordem e, então, também não conhece a desordem. Essa relação livre de *lalíngua* fascina o neurótico, pois ele não a tem.

Podemos nos perguntar se o interesse específico do psicótico pela materialidade, fora do sentido das palavras, tem mais a ver com se livrar do parasita da linguagem ou se, ao contrário, esse interesse pela materialidade fora do sentido do verbo é uma maneira de liberar o gozo próprio à *lalíngua*.

Essa pergunta, Lacan a faz a propósito de Joyce: se seu interesse pela letra fora de sentido era mais uma tentativa de se livrar do parasita ou se era uma captação no gozo da letra. Creio, contudo, que a pergunta pode ser feita a respeito dos outros casos de psicose, dado que brincar com *lalíngua*, assim como brincar com uma matéria fora da linguagem, tomar *lalíngua* como a matéria a gozar, e não como um veículo do sentido, não é o traço próprio somente de Joyce. Se pensarmos em Russell, em Artaud... há muitos outros que usam *lalíngua* da mesma maneira.

Aquilo que é próprio a Joyce é outra coisa. Termino com isso. O próprio a Joyce não é somente brincar, gozar de *lalíngua* sem a linguagem. Em *Finnegans Wake*, esse traço o compartilha com muitos outros. O próprio a Joyce não é seu gosto pela letra fora de sentido. Foi Joyce quem mostrou que era possível fazer sem o pai à condição de se servir dele, de sua função, que é a função de *sinthome*... uma função que usa de um dizer de nomeação.

A esse respeito, Joyce é uma exceção. Exceção, inclusive, a respeito de seus pares da literatura fora de sentido, dado que conseguiu fazer suplência ao dizer da nomeação. Isso é outra coisa que se deixar excitar pela letra.

TRÊS

O psicótico e seus humores

É um prazer vir aqui, ao hospital Borda, novamente. Escolhi o título "O psicótico e seus humores" e vou dizer algumas palavras sobre o porquê da escolha desse tema.

Na realidade, há duas razões que provêm de lados diferentes. Há algo que é atual. Comprovamos — ao menos na França, mas não sei se pode ser estendido, não tenho certeza — não só na França, também na Europa — tenho um colega que mora em Londres e está trabalhando o mesmo tema — comprovamos que há muitos mais sujeitos diagnosticados como bipolares. Não digo como maníaco-depressivos, e sim bipolares. Ou seja, um diagnóstico que se funda unicamente sobre o registro do humor: ou mais ou menos deprimido.

Quando recebemos aos supostos bipolares, constatamos que, na verdade, são psicóticos. Fizemos essa experiência no Hospital Sainte-Anne, onde, a cada quinze dias, continuo fazendo apresentação de casos. Quando chega um paciente bipolar, sai da entrevista com outro diagnóstico.

Aparentemente, o diagnóstico de bipolaridade é bastante aceito, não sei bem por qual motivo, mas acho que há dois. O primeiro, sem dúvida, é o efeito da medicação sobre o humor, que leva a diagnosticar o nível em que a medicação coopera. Mas, acredito que há outra motivação, mais problemática: é que, com isso, com o diagnóstico de bipolaridade, já não se fala mais dos psicóticos. O diagnóstico de bipolar serve, às vezes, para dissimular ou afastar o diagnóstico de psicose.

É claro que as famílias preferem escutar que o diagnóstico que chega é de bipolaridade, ao invés de escutar que é uma psicose. Isso apresenta certa semelhança com o que acontece com o autismo infantil. Vocês sabem da popularidade desse diagnóstico e que o número de autistas subiu de maneira incrível recentemente. É verdade, o comprovamos clinicamente. O diagnóstico de autismo acalma muito mais os pais do que o diagnóstico de psicose, de loucura.

Assim, a primeira razão para mencionar é o contexto que evoco rapidamente aqui. A segunda razão, mais essencial, menos conjuntural, é que Lacan nos ensinou a diagnosticar as psicoses a partir dos fenômenos da linguagem, especialmente da foraclusão — que é um fenômeno interno à linguagem. Ensinou também a pensar o sujeito psicótico como aquele que estabelece um laço específico, diferente do laço neurótico, com o Outro da linguagem.

É verdade que todos os fenômenos das psicoses não são da linguagem como, por exemplo, alucinações, automatismo mental... há outros fenômenos que estão no nível dos efeitos da linguagem sobre o que não é linguagem, ou seja, sobre o vivo, sobre o desejo e, especialmente, sobre o gozo. Na exploração dos fenômenos das psicoses, há alguns do lado das configurações do gozo e outros, do lado dos afetos.

O humor – utilizei a palavra “humor” – pertence ao registro dos afetos. O humor, os afetos, os sentimentos, os *feelings* de um sujeito repercutem subjetivamente aquilo que acontece com seus gozos – falo no plural –, em termos de seu benefício de gozo ou, ao contrário, perda de gozo. Os humores de cada um são muito variados e dependem dos fracassos, das perdas, dos lutos, de tudo aquilo que acontece na vida.

Entretanto, o que me interessa é que cada sujeito tem sua característica fundamental de humor. Há aqueles que têm o humor mais escuro e os que têm o humor mais colorido. Cada um tem uma particularidade em seu humor; um humor de fundo, independente do que lhe acontece a cada dia. Então, de onde provém? Provém, necessariamente, de uma repercussão tanto do sujeito da linguagem quanto daquilo que Lacan chamou “sujeito do gozo”. Entendo-o assim: o humor como signo, efeito, do que acontece com o sujeito do gozo.

Vou iniciar com uma elaboração utilizando o caso Schreber, de Freud. Esse caso é útil para nosso diálogo porque suponho que todos conhecem o texto e também os comentários de Freud e de Lacan. Além disso, é útil porque foi a propósito de Schreber que Lacan introduziu a expressão o “sujeito do gozo”. Fez isso em 1966, no texto, que imagino que também conheçam, *Apresentação das “Memórias de um doente dos nervos”*[1].

Nessa apresentação, fala sobre o tempo que lhe foi necessário para introduzir algo novo no campo e afirma:

[1]LACAN, J. (1966) Apresentação das “Memórias de um doente dos nervos”. In: LACAN, J. *Outros Escritos*. Rio de Janeiro: Jorge Zahar Editor, 2003, p.219-223.

"na polaridade – a mais recentemente promovida – do sujeito do gozo e do sujeito que o significante representa para um significante que é sempre outro, não estará nisso o que nos permitirá uma definição mais precisa da paranoia como identificando o gozo no lugar do Outro como tal?"[2]. É, efetivamente, uma nova definição da paranoia: a paranoia definida com a foraclusão da função paterna.

Quero chamar a atenção de vocês para algo um pouco estranho na frase de Lacan. Trata-se de quando ele diz sobre a polaridade mais recente do sujeito do gozo ao sujeito representado. A ordem de aparecimento no ensino de Lacan foi inversa. Primeiro, falou de sujeito representado pelo significante e, depois, do sujeito do gozo.

Por que diz ele, então, do sujeito do gozo ao sujeito representado? Não irei trabalhar isso. Mas, talvez, seja porque Lacan tem a ideia de que o sujeito do gozo, em termos lógicos, tem prioridade, anterioridade em relação ao sujeito representado.

Antes de 1966, Lacan já havia falado do sujeito do inconsciente – por exemplo, em *Subversão do sujeito* – como um sujeito suposto aos significantes das pulsões. Já havia um laço entre o sujeito do significante e o sujeito do gozo, mas não foi suficientemente acentuado nesse momento.

Aqui, estamos com a ideia do sujeito ao gozo. Estamos no terreno do que Lacan chamou, no seminário *Mais, ainda,* "minha hipótese". Ele diz que sua hipótese é que o indivíduo corporal se torna sujeito porque o significante

[2]*Ibid.*, p.221.

o afeta. Indivíduo do gozo então. Lacan afirma, simplesmente, que o significante, enquanto formal, afeta a outro que ele mesmo. Um outro, podemos entender, o organismo vivo que, de repente, se afeta e, por isso, torna-se sujeito.

É preciso, então, ver que temos dois estatutos do significante e do sujeito. Há o significante enquanto aquilo que representa o sujeito, e o sujeito representado que, diz Lacan, é sempre um sujeito em falta a ser, é sempre um sujeito em outro lugar. Temos também o significante que toca diretamente a carne e se torna signo do sujeito do gozo.

Se interrogarmos o sujeito do gozo com o exemplo Schreber, Lacan nos diz que permite perceber que a paranoia identifica o gozo no lugar do Outro. Não poderíamos falar isso sobre o esquizofrênico.

(Colette Soler se dirige a Gonzalo Javier López) Você me dizia que, no hospital, é possível encontrar mais esquizofrênicos do que paranoicos. Mas, neste momento, falo sobre a paranoia que identifica o gozo no lugar do Outro. Esse lugar, sabemos com Lacan, é um lugar vazio de gozo, um lugar onde há somente significante.

Como entender essa identificação do gozo no lugar do Outro? Há duas maneiras de entendê-la. Uma mais fácil e outra nem tão fácil assim, mas acho que é a melhor delas.

A mais fácil, que vem logo à cabeça, consiste em pensar o delírio de perseguição. Se pensamos nesse delírio, que é uma formação imaginária, o fantasma de um outro mau que quer gozar do sujeito paranoico, poderíamos dizer: o delírio de perseguição identifica o gozo no lugar do Outro. Seria coerente, mas não seria uma grande descoberta, pois não precisamos de Lacan para saber disso.

A outra maneira de entender a identificação do gozo no lugar do Outro não é pensar o delírio de perseguição, um Outro que impõe uma destituição forçada ao pobre perseguido. Podemos ilustrá-la se realmente atentamos ao texto de Schreber que Lacan relembra em *Apresentação das "Memórias de um doente dos nervos"*. É verdade que em Schreber temos a ideia de que Deus, seu Deus, quer gozar dele. Sim... mas o que Lacan captou, e que se lermos com atenção o texto também podemos captar, é que se trata de um Deus bem particular.

Schreber nos explica que Deus não é nada mais que um grande texto, um texto infinito, constituído de todos os pensamentos que tiveram todos os mortos de todos os séculos. Seu Deus é, então, um Deus feito de pensamento, vamos dizer, de significantes. É um texto infinito e Schreber está incluído com a condição de não deixar de pensar.

A união entre Schreber e Deus, Schreber a descreve como uma espécie de cópula não entre dois corpos individuais dos seres vivos, mas de dois conjuntos de pensamentos. Aqui, entendemos o milagre do alarido. Se Schreber para de pensar em seu delírio, o texto infinito do casal que constituía com Deus se desfaz. É o sofrimento que se expressa com esse alarido.

É preciso acrescentar que o gozo, do qual fala Schreber, tem um traço que Freud havia destacado: a dimensão de mortificação. Schreber o chama gozo, uma voluptuosidade de alma, das almas mortas. Freud destacou o seguinte: Schreber fala de gozo, mas é um gozo especial, um gozo do aparelho significante.

Poderíamos relembrar, ao mesmo tempo, a tese de Lacan ao final do seminário *Mais, ainda,* quando fala do significante aparelho de gozo. Mas não só aparelho de gozo, não só operador do gozo, o significante como um objeto de que se goza. Schreber nos ilustra isso: do significante, do discurso infinito — que ele chama Deus — se goza. E, quando o texto se desfaz, o gozo para, *stop*. O significante operador do gozo é outra coisa que não o significante gozado. Essa é a grande novidade do seminário *Mais, ainda*.

Penso ser útil insistir um pouco na linguagem como operador que modifica o organismo vivo. Seus efeitos principais quais são? Um deles é o afeto de negativização, ou seja, falta de ser e perda de gozo. Com o resultado de que esse afeto da linguagem lança a libido, poder da pura perda, diz Lacan. Lança a libido, lança o desejo, permite, então, investir os objetos da realidade e do erotismo.

A negativização da linguagem é o que condiciona a vida do desejo, não a vida orgânica. É outra coisa dizer que podemos gozar do significante porque isso não implica a negativização, não implica o efeito desejo, não implica o efeito libido. Lembro isso porque a negativização da linguagem, que lança a libido, determina, em cada sujeito, o que Lacan, em *De uma questão preliminar*, chamou o sentimento da vida.

O humor fundamental de que falava se conecta, repercute, se manifesta em cada um como sentimento da vida. Lacan nos mostra em todas as psicoses uma desordem no sentimento da vida, uma desordem que se manifesta como humor. Nesse sentido, os humores negativos, escuros, e os mais alegres não são a peculiaridade de uma estrutura. É possível encontrá- los em cada sujeito, não só nos psicóticos. Podemos interrogar em cada sujeito seu humor de base. A pergunta que se deve fazer é se uma análise pode mudar isso, a base do humor de um sujeito.

Termino com uma última observação sobre esse registro do sentimento da vida. Lacan diz que Schreber sabe algo que refere diretamente ao que digo sobre o humor. Diz que, em Schreber, a relação com Deus está marcada — inclusive Schreber fala de voluptuosidade — do traço negativo que faz aparecer mais mistura do que união com Deus, mais voracidade e nojo.

Essa relação não tem nada a ver com a Presença e a Alegria — Lacan as escreve com maiúscula mesmo — que iluminam a experiência mística. Aqui, temos um texto então — poderíamos elaborá-lo — que nos indica que não basta falar do gozo no geral, que o gozo tem seus matizes, singular, caso por caso, que repercute no humor.

Para nós, é interessante estudar — ao lado dos fenômenos dos psicóticos — os fenômenos do gozo e do humor. A primeira afirmação, que conhecem, foi trabalhada. Consiste em falar dos psicóticos em geral, de diversas formas, da deslocalização do gozo, do gozo deslocalizado. Vemos isso em Schreber. Por que deslocalizado? Deslocalizado no que se refere à localização comum do gozo. A localização do gozo está nas zonas erógenas e no órgão sexual, ou seja, localização na superfície do corpo. O interior do corpo, por sua vez, é o que Lacan chamou "deserto de gozo", um lugar onde a propriocepção não entra, salvo em caso de doença.

Essa deslocalização, a vemos em Schreber, porque quando ele compartilha a voluptuosidade da alma com Deus, a compartilha no conjunto de seu corpo. É só ao final de seu delírio, quando a evolução, o trabalho do delírio permite certa pacificação de sua relação com Deus, que consegue se pensar como a mulher de Deus, e não como parte do texto de Deus. Nesse momento, quando conseguiu uma representação imaginária mais suportável, mais possível de viver, vemos que o gozo se põe na superfície de seu corpo, mais especificamente quando se olha no espelho e acaricia os peitos. Esse é o momento da localização de gozo.

A deslocalização se vê mais particularmente na esquizofrenia. Na esquizofrenia, o que falta — e falta em relação ao paranoico — é o afeto negativizante da linguagem, já que, como afirmou Lacan logo cedo, para o esquizofrênico todo o simbólico é real. Isso quer dizer: não faz cadeia, não tem sentido. Freud o havia dito de outra maneira, quando referiu que o esquizofrênico trata as palavras como coisas. A definição de uma coisa é que não tem sentido, é quando está aqui, ou não, mas não tem sentido. Era uma maneira freudiana de perceber que as palavras, na linguagem do esquizofrênico, não são simbólicas, não pertencem ao simbólico.

Vemos, assim, que falta a negativização da linguagem e que resta somente o que chamamos a *esquize*. Em outras palavras, quer dizer que não há um significante, e sim uma série, distintos, produz uma esquize, e não uma negativização; a esquize se substitui à negativização. Com a consequência de que o corpo não se encontra deserto de gozo.

Sabemos todas as fantasmagorias que o esquizo- frênico pode ter sobre o que lhe acontece do lado de dentro. Ontem, me falavam de um sujeito que precisa se cortar para dominar o que há dentro. Esse é o primeiro ponto que queria destacar. Então, o gozo deslocalizado produz afetos, humores, também — vamos dizer — algo discordante, não concordante com o que acontece na realidade habitual.

Outro aspecto que me parece importante a respeito do eixo do gozo e do humor é ver até que ponto alguns sujeitos psicóticos têm tolerância... em outras palavras, mais que tolerância, propensão... ver até que ponto têm propensão a franquear os limites da homeostase corporal, do bem-estar corporal, do princípio de prazer. Como suportam corporalmente coisas extremas! Com uma facilidade que nenhum neurótico teria!

Pensava em Joyce que conseguiu servir-se do pai apesar de sua ausência. Entretanto, Joyce tinha algo especial nesse sentido. Lacan o evocou. Não evoco o que Lacan destacou — já se conhece — quando nos explica que Joyce se faz bater pelos colegas. Isso não lhe faz efeito subjetivo, não lhe interessa. É como se o corpo não fosse ele.

Há outros traços disso em Joyce. Se lerem, por exemplo, o texto de seu irmão que escreveu um livro, *Meu irmão James Joyce*[3], verão que nos fala dos primeiros anos de Joyce em Dublin. Há algumas indicações impactantes. Foram duas as coisas que chamaram minha atenção:

1. Testemunha — e não é o único testemunho nesse sentido — que Joyce estava sempre com humor alegre, sempre igual. Na família, reconfortava a todos com sua presença, as irmãs, os vizinhos, os colegas de sua idade

[3]JOYCE, S. *Mi hermano James Joyce*. Buenos Aires: Adriana Hidalgo Editora, 2000.

etc. Esse primeiro traço seria um sentimento aparentemente inalterável, positivo, da vida.

2. Havia também uma capacidade de suportar as privações mais terríveis, que ninguém na família suportava: a ruína familiar, a falta de calor, a falta de comida... e ele não reagia. Ficava "indiferente", diz o irmão, que, ao contrário de Joyce, se queixava muito.

Sabemos que quando Joyce foi a Paris sozinho, antes de ir com Nora, viveu e foi até os extremos. Extremos esses a que chamamos indigência: não comia, não dormia, não bebia, era quase um indigente. Mas um indigente alegre. Está nas suas cartas. Ele não queria sair de lá. Poderia trabalhar, mas não. Era uma escolha. Há, então, esse traço que evoco como exemplo e que pode ser comprovado.

Agora quero evocar os extremos da perturbação do sentimento da vida. Se falo de extremos nesse sentimento, talvez vocês pensem no melancólico. Mas, antes de falar dele, quero fazer uma pontuação sobre o maníaco. O maníaco, como Lacan indica em *Televisão*[4], é efeito da recusa da linguagem, da recusa do inconsciente. Lacan diz que é na mania que a foraclusão se faz mortal. Por isso, escrevi um texto chamado *A mania: pecado mortal*[5].

É verdade que, a respeito da mania, Freud se equivocou, creio. Freud pensava que a mania se desencadeava

[4]LACAN, J. (1973) Televisão. In: LACAN, J. *Outros Escritos*. Rio de Janeiro: Jorge Zahar Editor, 2003, p.508-543.
[5]SOLER, C. A mania: pecado mortal. In: SOLER, C. *O inconsciente a céu aberto da psicose*. Rio de Janeiro: Jorge Zahar Editor, 2007, p.81-96.

quando o sujeito franqueava os limites da lei social. Pensava que era como uma festa em que, em certo momento, as coisas são proibidas, mas, em outro, são aceitas. Mas não é assim... a mania não é uma festa. A mania é um franqueamento dos limites homeostáticos do organismo: não dormir, não comer, trabalhar sem descanso. E, efetivamente, se se leva até o limite, é a morte. É, assim, mais um sentimento da vida que parece alegre – há testemunhos de sujeitos que escreveram sobre como estavam bem em sua mania –, mas vai direto à morte se ninguém detém o fenômeno.

Evidentemente, a melancolia, mas a psicótica – não isso que acontece quando uma manhã posso estar com humor melancólico – é uma vivência de dor sem motivo. É uma vivência sem justificativa de acordo com os acontecimentos da realidade, difícil de alterar, com uma aspiração à morte e com medo de não conseguir morrer.

Quero, para terminar, dizer umas palavras a respeito do que irei chamar de "escolha da morte". Faço-o continuando a falar sobre a mania e a melancolia. Mania com consequências eventualmente mortais, assim como a melancolia. O suicida também é um problema.

Não sei se foi coincidência, mas, durante o último ano, vi no hospital diversos casos do que posso chamar uma escolha decidida pela morte, sem a alteração de humor que encontramos na mania e na melancolia. Em dois desses casos – penso em dois casos diferentes, um homem e uma mulher –, em dado momento, as pessoas haviam decidido morrer... queriam morrer. Não era um *acting-out*, um chamado ao Outro. Calculavam como conseguir morrer. Ambos faziam uso do não comer.

O homem do qual falo decidiu vender tudo, se trancar em um hotel, deitar na cama e esperar a morte, sem comer e sem dormir. Esperou, esperou, esperou e nada lhe aconteceu. Ele tinha lido que depois de cinco dias iria morrer. Mas não... passado esse tempo, ele não morreu. Pensou, então, que isso não funcionava. Aparentemente, é certo. Há alguém que ficou no deserto quarenta dias sem comer e sem beber, e não morreu. Não se pode confiar muito nos cinco dias... finalmente, tentou outra coisa. Foi ao banheiro, tomou um choque e se queimou. Entrou em coma, mas, ao final, sempre vivo. Manifestamente, vai atrás de uma maneira para conseguir morrer.

O importante para ele era essa certeza de ir à morte. O humor não era triste, nem tampouco alegre. Era muito racional. Durante sua vida, foi um homem bastante inteligente, interessado pelas artes, pela comida, um *bon vivant*. Mas, esquize entre o humor, ou seja, entre o que pode dizer e uma determinação que não se pode deter.

A outra, uma mulher jovem, vinte e cinco anos. Quando chegou ao hospital, estava no limite, no limite da morte. Pesava trinta e dois quilos. Tranquila. Era o mesmo caso... o discurso, o humor não era um humor triste. Esquize entre o ato (a certeza do ato formulado) e a subjetividade. No serviço médico, achavam que essa mulher não mentia, mas dizia aquilo que queria. Finalmente, o que aparece é que não diz o que o outro quer. Fala, sim, da palavra do outro, fala da palavra da sua mãe, depois da equipe, da pessoa com a qual está. Uma palavra que não podemos dizer que é uma palavra vazia, e sim uma espécie de transitivismo da palavra.

Está tranquila, com boa predisposição àquilo que cada um lhe aconselha... sua mãe, a equipe. Isso para dizer que, do lado da subjetividade, tudo parece bem, salvo que poderíamos pensar em um "como se" — o "como se" de Helene Deutsch —, que traduzo dizendo que, em termos subjetivos, não há ninguém. Mas, em seus atos, há alguém, está em seus atos... essa esquize, não exatamente a esquize esquizofrênica, mas uma esquize entre a linguagem, o discurso, a relação com os semelhantes e um ponto de certeza sem conexão, finalmente. É o que chamo a escolha pela morte, a certeza da escolha pela morte em ato.

Lacan nos ensinou a ter certo respeito pelo ato. Quando falamos do ato analítico e da certeza do ato, é algo ao qual damos certo valor. Mas, não devemos nos esquecer de que a certeza do ato é algo perigoso.

Termino. Digo tudo isso para explorar metodicamente não só os fenômenos da linguagem, mas também esses outros fenômenos das psicoses. Destaco que o abuso dos diagnósticos descritivos, que atravessam os fenômenos do humor e de suas causas, são perigosos para o trabalho em psiquiatria porque não incitam a explorar realmente as flutuações do humor.

Aller Editora

Todos sabemos o quanto o mercado brasileiro é deficitário em publicações psicanalíticas. Há poucos títulos e, muitas vezes, os autores interessados em fazer público seu trabalho encontram longos e penosos caminhos a percorrer. As dificuldades em divulgar o trabalho não somente prejudicam os possíveis autores, mas também toda a comunidade psicanalítica que, com poucos títulos à disposição, tem mais dificuldades para acompanhar o desenvolvimento de trabalhos clínicos e teóricos em nossa área. Assim sendo, a comunidade analítica brasileira, como um todo, sai prejudicada.

Levando esse fator em consideração, a Aller Editora busca publicar seus títulos com agilidade e sérios critérios de qualidade – garantidos por um criterioso conselho editorial –, divulgando e contribuindo para o debate da psicanálise na pólis e seu consequente crescimento.

Outubro de 2022

Impressão | Gráfica Paym
Papel | *papel* Pólen Soft LD 80 g/m²
Fonte | Petersburg 11/15,7